W0405086

MANIPULATION UND NIEDRIGE SCHWINGUNG

Unter Manipulation wird eine Energie verstanden, die jemand aktiv von sich selbst aussendet. Das bedeutet: Dieser Mensch hat nun weniger Energie zur Verfügung. Deshalb schwingt er langsamer, ist leichter angreifbar durch Energien, die sich auf einer niedrigen Schwingung befinden. Niedrige Schwingungen können z.B. mit Diebstahl, Raub oder Betrug einhergehen.

MINDFLOW
ACADEMY

AUSGELIEFERT SEIN

Wenn du dich jemandem oder einer Situation ausgeliefert fühlst, ist es diese Person oder diese Situation, die dir am meisten Energie nimmt. Im Umkehrschluss bedeutet das: In dieser Situation bzw. Blockade, die du für dich aufgebaut hast, befindet sich unendlich viel Energie.

GEBEN UND NEHMEN

Wenn du etwas bekommst, musst du auch etwas freigeben, damit die Energie wieder zurückkommen kann. Sobald du etwas loslässt, kann »es« fließen. Du solltest also erst etwas freigeben, um etwas bekommen zu können. Wer nichts gibt, wird auch nichts annehmen können. Mit zur Faust geschlossenen Händen kann man kein Wasser schöpfen.

G4 AUF ZELLEBENE

Sobald du in das G4 eintauchst, werden zwei Hormone stärker ausgeschüttet: zum einen das Glückshormon Serotonin, zum anderen das Bindungshormon Oxytocin, das uns sozusagen als »Nebeneffekt« auch jünger aussehen lässt, da sich unsere Muskeln entspannen. Man kann es auch im Gesicht erkennen, sobald jemand im G4 ist, weil die Mimik weicher wird und sich die Ausstrahlung verändert.

VERSTRICKUNG

Wenn dich jemand ändern will, hat er eine Blockade. Er ist nicht zufrieden mit dem aktuellen Zustand. Solange du die Haltung bewahrst, dass dir der Angriff egal ist, kann dich der Angreifer nicht verändern oder manipulieren.
Sage im Geist zu deinem Gegenüber: »Du darfst so sein.« So bist du mit dem Angreifer nicht (mehr) verstrickt und löst die Resonanz zu ihm auf.

WIN-WIN-SITUATION

Wer angegriffen wird und in die Haltung geht: »Er/sie darf das!«, bietet keinen Widerstand, sodass der Angreifer die Angriffslust verliert; er wird von der gelassenen Haltung des anderen übernommen. In diesem Moment findet ein Ausgleich statt, und Heilung setzt ein. Es gibt keinen Verlierer, sondern zwei Gewinner: Der eine nimmt dem anderen durch seine gelassene Haltung die Blockade, und ein Teil der gestauten Energie kommt in sein System; und bei dem anderen löst sich die Blockade, und frische Energie strömt aus dem G4 nach.

WAS BIST DU BEREIT ANZUNEHMEN?

Willst du deine Realität verändern? Dann sei dabei nicht in der Haltung des Wollens oder »Tun-Müssens«. Es geht um Annahme und Offenheit. Es wird jenes zu dir kommen, das du bereit bist anzunehmen, und nicht das, was du dir wünschst. Solltest du Fülle und Reichtum durch beruflichen Erfolg wollen, fühle die tiefe Bereitschaft dafür: »Ich bin beruflich erfolgreich und erhalte dadurch Fülle und Reichtum in meinem Leben.« Wie lautet dein Satz? Sprich ihn aus und spüre nach, ob du das auch wirklich annehmen kannst.

DAS G4-BEWUSSTSEIN

Der deutsche Physiker Burkhard Heim
hat mathematisch 12 Dimensionen
bewiesen, wovon die höchsten
Dimensionen D9 bis D12 als »G4«
bezeichnet werden. Durch MindFlow
lernst du, in diesen erhöhten
Bewusstseinszustand einzutauchen.
Alles richtet sich nach demjenigen
aus, der die meiste Energie hat.
Im G4 findet immer eine
Win-win-Situation für alle statt.

ASANAS

Mit den Asanas aktivierst du den Energiefluss in deinem Körper. Du kannst sie im Alltag verwenden, um dein Energieniveau zu erhöhen. Du kannst die Asanas überall machen. Sie haben einen direkten Einfluss auf die Nadis (Energiebahnen) deines Körpers. Je häufiger du sie praktizierst, desto stärker wird der Energiefluss in den Nadis und desto höher wird deren Kapazität, Energie zu transportieren. Ein Video, wie die Asanas funktionieren, erhältst du gratis unter www.mindflow.de/newsletter.

DAS OPFER-TÄTER-SPIEL

Bei diesem Spiel geht es um ein Opfer und einen Täter. Sobald sich das Opfer nicht mehr als solches auffasst und gewissermaßen die Bühne verlässt, bleibt der Täter alleine dort stehen. Ende der Vorstellung. Weil es kein Opfer mehr gibt, hat der Täter keine Aufgabe mehr; dann schlägt der Täter auf etwas ein, was nicht vorhanden ist. In dem Moment, in dem du nicht mehr kämpfst, hast du die Möglichkeit, ALLES zu erhalten.

IMPLANTATE

Implantate sind energetische Muster, die von außen gesetzt wurden und einen kontinuierlichen Einfluss auf diesen Menschen ausüben. Von Eltern, Lehrern oder anderen Personen werden bei Kindern häufig unbewusste Implantate gesetzt; dadurch geben sie ihre Muster und Erfahrungen, »wie das Leben läuft«, weiter. Implantate können den Energiefluss blockieren und das Annehmen aus dem G4-Bewusstsein erschweren.

ALLES IST MÖGLICH

Alles hat seinen Ursprung in einem Gedanken. Sobald du etwas denken kannst, existiert diese Möglichkeit auch. Es ist dann nur noch deine Entscheidung, es anzunehmen oder nicht.

Alles, was du denken kannst, kann sich manifestieren. Indem sich im G4 alles nach dir ausrichtet, werden dir Menschen, Chancen und Gelegenheiten begegnen, die dich genau an den Punkt bringen, an dem du diese Möglichkeit realisieren kannst.

SEI BEREIT ZU EMPFANGEN, WAS KOMMT

Frage dich nicht, wie du etwas erreichen kannst. Stattdessen gilt: Was bist du bereit anzunehmen? Häufig willst du etwas und versuchst Dinge zu manifestieren, die aber nicht zu dir kommen, weil du Blockaden in dir trägst, die genau das verhindern. Bist du jedoch in der Haltung der Annahme, entfaltet sich das Leben für dich. Denn das göttliche Feld hält immer das Beste für dich bereit und führt dir ALLES zu.

DIE STEHENDE WELLE

Jeder Mensch hat sein eigenes Energiefeld, das man auch messen kann. Zwischen den Personen, die sich in einem Raum aufhalten, findet andauernd eine Energieübertragung statt. Die Energie geht immer von dem, der mehr Energie hat, zu dem, der weniger Energie hat.

BESTIMMUNG

Viele Menschen fragen sich, warum sie auf der Erde sind. Im G4-Zustand, also der Absenz von jeglichem Ego, befindet sich der Mensch in seiner Bestimmung und alles um ihn herum passt sich seiner Bestimmung an.

DIPLOMATIE

Diplomatische Menschen, die nicht gerne ihre Meinung äußern bzw. die »einen dicken Hals kriegen«, weil sie ihren Ärger hinunterschlucken, haben oft einen Energiestau am Hals. Das nicht gut funktionierende Halschakra führt dann zu entzündeten Mandeln oder zu Schilddrüsenproblemen. Das Nicht-Gesagte verursacht einen Energiestau. Sei dir bewusst, was du zurückhältst und was eine mögliche Konsequenz wäre, es auszusprechen. Nimm diese Konsequenz an.

BURN-OUT

Ein »ausgebrannter« Mensch ist permanent unter Stress gestanden. Sein Körper hat so viele Stresshormone produziert, dass er sie nicht mehr abbauen kann. Das Burn-out-Syndrom zwingt ihn dazu, von vorne anzufangen und mit seiner Energie haushalten zu lernen. Die MindFlow-Technik ist hier sehr geeignet, weil man ein Verständnis dafür bekommt, wo man (oftmals unnötig) viel Energie verliert. Ziele und Vorstellungen, die nur mit viel Energieaufwand erreicht und auch erhalten werden, erweisen sich häufig als irrelevant.

SPANNUNGEN AUFLÖSEN

Spannungen entstehen meistens, wenn du gestresst bist und irgendwelche Zielvorgaben erreichen willst/musst. Dann verlierst du Energie. Spannungen mit anderen Menschen entstehen durch Erwartungen, die der andere nicht erfüllen kann. Löse diesen Stress auf, indem du ins G4 gehst und dir selbst sagst: »Es gibt keine Erwartungen – es ist alles gut.«

»IST MIR EGAL«-HALTUNG

Sobald du z.B. deinen Sitznachbarn nicht magst, bekommt er Energie von dir. Dann wird er noch näher an dich heranrücken, auch weil er noch mehr Energie von dir will. Wenn du dagegen in die »Ist mir egal«-Haltung gehst, selbst wenn der Sitznachbar nicht gut riecht, rückt er allmählich von dir ab.

MANGELBEWUSSTSEIN UND WUNSCHDENKEN

Das Mangelbewusstsein sorgt in Kombination mit Techniken, die über das Wollen arbeiten, für einen erheblichen Energieverlust! Viele Menschen versuchen aus dem Mangel heraus etwas zu erschaffen. Das geht nur mit hohem Energieaufwand, weil sie ihr Unterbewusstsein immer davon überzeugen müssen, dass Realität und Wunschvorstellungen (angeblich) übereinstimmen. Außerdem gilt: Wer ein Ziel hat, limitiert sich schon.

ABSOLUTE FREIHEIT

Jeder Mensch hat das Recht auf absolute Freiheit. Wenn jeder auf sich selbst achtet und es jedem einzelnen Menschen gut geht, braucht sich auch keiner um den anderen zu sorgen und zu kümmern. Jeder kann mit seiner Energie bei sich selbst bleiben und sich auf die eigene beste Entfaltung ausrichten.

KRANKHEIT

Jede Krankheit entsteht aus einem Energiemangel bzw. infolge schwacher Mitochondrien. Die meisten kranken Menschen konzentrieren sich sehr auf ihre Symptome und Lebenseinschränkungen. Dadurch gewinnt die Krankheit an Bedeutung und an Macht über ihren Zustand und ihre Lebensqualität. Es gilt stattdessen, die eigene Krankheit zu akzeptieren und sie sich einfach nur anzuschauen. Dadurch sind diese Menschen nicht mehr angreifbar, und Heilung kann geschehen.

DEINE ENERGIE

Energie ist immer neutral, weder gut noch schlecht. Du kannst Energie auch nicht verwenden, um jemandem zu schaden. Das klappt nur, solange dein Gegenüber eine Resonanz dafür hat, das heißt wenn er/sie (mehr oder weniger unbewusst) den Schaden haben »möchte«. Es liegt in deiner Verantwortung, wie du mit Energie umgehst.

MINDFLOW
ACADEMY

STRESS-RESONANZ

Solltest du Angst vor etwas haben, ziehst du genau das im Außen an, damit dir deine Angst immer wieder bestätigt wird. Erst wenn diese Angst beseitigt wird, verschwindet auch die Resonanz und du wirst mit dem betreffenden Thema nicht mehr konfrontiert. Du schaffst dies durch NICHT-WOLLEN! Indem du etwas tust, was keinem Zweck dient – was also nicht getan wird, »um zu …« –, kann der Geist seine Freiheit zurückerlangen, und deine Blockaden lösen sich.

MINDFLOW
ACADEMY

NICHT-TUN

Handle jederzeit so, dass du frei bist. Bei MindFlow sagen wir, im G4 tun wir NICHT, es ist absichtsloses Tun. Es gibt einen großen Unterschied zwischen Nichtstun und Nicht-Tun. Nichts tun bedeutet, nur passiv auf der »faulen« Haut zu liegen. Nicht-Tun ist das Handeln in einem Zustand, der nicht zielgerichtet ist. Setze jenes um, was sich dir als Möglichkeit offenbart.

HEILUNG

Heilung bedeutet immer, man kann sich nur selbst heilen! Kein Arzt und kein Medikament können heilen. Der Therapeut oder Experte kann nur einen Impuls setzen. Der Körper heilt sich letztlich immer selbst. Jeder Mensch ist sein eigener Heiler.

REICHTUM

Reichtum bedeutet, dass Energie ungehindert fließen kann. Ein großes Plus auf deinem Girokonto steht dafür, dass dir von anderen ausreichend Energie zum Ausgleich gegeben wurde. Sammelst du jedoch nur Geld an, ohne Energie dafür zu geben, wird dir das Geld gemäß der »Balance of Power« wieder genommen. Mit anderen Worten könnte man auch sagen: Du wirst immer nur das bekommen, was du auch bereit bist zu geben.

HARMONIEBEDÜRFNIS

Menschen, die gerne ausgleichen und Frieden schaffen, geben in den meisten Fällen etwas von sich selbst mit. Sie wollen beispielsweise erreichen, dass jemand zufrieden ist oder bei ihnen bleibt. Das ist allerdings kontraproduktiv, denn sie belassen die Angriffsenergie bei der unzufriedenen Person und pflegen somit deren Blockade. Der unzufriedene Mensch erhält das Gefühl, es sei in Ordnung, so zu sein, und wird in dieser Position bzw. in diesem Gefühl hängen bleiben.

LERNE MIT DEINER ENERGIE ZU SPIELEN

Lerne, keine Energie zu verlieren. »Spiele mit dem Leben« anstatt »Kämpfe mit dem Leben«. Wie das funktioniert? Tue NICHT und akzeptiere, dass alles eine Daseinsberechtigung und seinen Sinn hat. Dann kämpfst du nicht mehr. In dem Moment, in dem du NICHT machst, im Sinne des absichtslosen Handelns, bist du von außen nicht mehr angreifbar und kannst mit dem Leben spielen.

GLEICH-GÜLTIGKEIT

Viele Menschen wollen immer im Gleichgewicht mit anderen sein. Doch wer im Wollen ist, der schwächt sich! Wem es jedoch egal ist, von jemandem angegangen bzw. angegriffen zu werden, der gewinnt an Energie, während sein Gegenüber schwächer wird. In diesem »gleich-gültigen« Zustand (alles hat die gleiche Gültigkeit) ist man nicht mehr manipulierbar.

MITOCHONDRIEN

Deine Mitochondrien produzieren deine Lebensenergie, das ATP. Sind die Mitochondrien geschädigt, können deine Zellen ihre Funktionen nicht richtig erfüllen. Dadurch entstehen Energielosigkeit, Beschwerden, Störungen und Erkrankungen aller Art. Im G4 erhöhen die Mitochondrien ihre Aktivität, und es kann Heilung auf Zellebene geschehen.

MENSCH ÄRGERE DICH?

Wenn du dich ärgerst, gibst du automatisch Energie ab. Lohnt sich das? Schau, während du dich ärgerst, wer in deiner Umgebung zu lächeln beginnt. Dieser Mensch ist es, der gerade deine verlorene Energie aufnimmt.

NIMM DAS GESCHENK AN

Greift dich jemand verbal an, darfst du das Geschenk nehmen, das der andere in Form einer Blockade hergibt! Der Angreifer kommt mit einem Geschenk zu dir. Er sagt insgeheim: »Ich habe ein Problem. Ich habe viel Energie für dich. Kannst du mir helfen?« Lass das Geschenk nicht fallen, indem du dich über den Angriff ärgerst – sonst bekommt der Angreifer Energie von dir. Nimm seine Energie an, und seine Blockade kann sich lösen.

BALANCE OF POWER

Jeder Mensch und jeder Ort auf der Erde haben ein bestimmtes Energieniveau. Werden diese »Gewichte« auf der »Waage« verändert, muss dies ausgeglichen werden, denn die Gesamtenergie muss gleich bleiben. Es heißt beispielsweise, wenn der Dalai Lama in seinem Kloster anwesend ist, zieht der »Abschaum« (hier nicht wertend gemeint!) vom Tal zum Kloster empor, um die hohe Schwingung des Dalai Lama wieder auszugleichen. Im G4 gibt es allerdings diese Balance of Power nicht, da hier keine Blockaden vorhanden sind und somit alles unmittelbar seine Energie erhöhen kann.

BLEIBE STABIL

Solange du Energie aufwendest, um dich gegen die Manipulation oder die Angriffe eines anderen zu wehren oder Widerstand zu leisten, wirst du dich schlecht fühlen. Wenn du denkst: »Ich möchte nicht, dass er/sie mich angreift«, wird dies deine Labilität vergrößern, nicht deine Stabilität. Während du allerdings den »Mir ist es egal, was er/sie mit mir anstellt«-Standpunkt einnimmst, muss sich der andere gewaltig anstrengen, um dich zu bewegen, und wird Energie verlieren – wohingegen du stabiler wirst.

DAS G3-SPIELFELD

Stell dir vor, eine Figur wechselt vom G3-Spielfeld plötzlich ins G4 und verlässt somit das Spielfeld. Was passiert? An dieser Stelle entsteht maximaler Stress, weil dort etwas verschwunden ist, was vorher existiert hat. Taucht die Figur nun aus dem G4-Feld wieder auf, hat sie sehr viel Energie und ist deshalb für viele andere Mitspieler sehr interessant.

KRANKHEIT AKZEPTIEREN

Wenn du krank bist und sagst oder denkst: »Ich will jetzt gesund werden, der Kopfschmerz muss sofort weg!«, wird der Schmerz noch stärker zuschlagen, weil du ihn als eine Bedrohung auffasst. Dadurch vergrößerst du die Blockade und die daran gebundene Energie. Verstehe, dass Krankheit in Ordnung ist – dein Körper zeigt dir etwas, und die Krankheit kann heilen.

ANNAHME

Etwas durch großen Energieaufwand, durch Einsatz deiner Lebensenergie und gezielte Intention zu wollen, wird dich Kraft kosten und im schlimmsten Fall auch deine Gesundheit negativ beeinflussen. Sobald du dir etwas vorstellst, limitierst du dich und verlierst Energie, weil du dich auf ein festgelegtes Bild fixierst. Besser: Sei offen und in der Akzeptanz dessen, was auf dich wartet, und nimm die Dinge an. Lass das Bild fließen, stelle es in den Strom der Energie ... und es wird zu dir finden, auf die eine oder andere Weise.

MANIPULATION

Falls du dich in den unteren Dimensionen, vor allem in D1 bis D4, bewegst, bist du ständiger Manipulation und dauerndem Energieverlust ausgesetzt. Im G4 bist du nicht mehr manipulierbar und verlierst auch keine Energie mehr. Manipulative Systeme und Menschen haben keinen Einfluss mehr auf dich. Sobald du im G4 bist, gewinnst du permanent Energie dazu. Wen kümmert es noch, was da draußen passiert? Alles darf sein.

ALLGEMEINER ENERGIEERHALTUNGSSATZ

In einem abgeschlossenen System ist die Summe aller Energien konstant; die Gesamtenergie bleibt immer erhalten. Wer zu wenig Energie besitzt, muss sie vorher verloren haben. Nur im G4-Bewusstsein strömt dir kontinuierlich Energie zu, hier gibt es keinen Mangel, denn ALLES ist vorhanden.

WOLLEN, WAS MAN SOLL

Du nimmst die Erwartung eines anderen an und erfüllst sie mit Freude, mit Stimmigkeit und deiner ganzen Energie. Sobald du in keiner negativen Resonanz mehr bist, beispielweise bei der Arbeit gegenüber deinem Chef, fließt die Energie, und die dir übertragenen Aufgaben werden dir leicht von der Hand gehen. Nicht nur das – die Energie des »Wollens« und des »Tun-Müssens« fließt in dein System und erhöht dein Energieniveau.

ANGRIFF

Der Schwächere geht immer
auf den Stärkeren los, um von ihm
Energie zu erhalten.
Wer angegriffen wird, ist energetisch
betrachtet in der stärkeren Position!
In einer Opfer-Täter-Konstellation hat
das Opfer mehr Energie als der Täter,
allerdings lässt es Ersterer zu, dass
ihm diese Energie geraubt wird.

GELEGENHEITEN WAHRNEHMEN

Das, was du annehmen kannst, wird in dein Leben treten. Lass los – und Gelegenheiten werden auf dich zukommen. Das bedeutet aber nicht, planlos durchs Leben zu laufen; es kann durchaus Arbeit, Fleiß und Disziplin erfordern. Befreie dich von Blockaden und fixiertem Wollen. Mit dieser Haltung kannst du Gelegenheiten pflücken, die reif sind.

SEI OFFEN UND FREI

Sobald du offen und frei bist, wird dir niemand etwas anhaben können. Du hast keine Energieblockaden und somit keine Themen mehr, mit denen andere Personen in Resonanz gehen könnten. Die Menschen richten sich immer nach demjenigen aus, der die meiste Energie hat. Sobald du frei und offen bist, erhöhst du deine Energie.

HELFERSYNDROM

Solltest du den Impuls verspüren, dich in das Leben eines anderen Menschen einmischen zu wollen, beachte zwei Kriterien: Schaue in deine linke Handfläche, und sollte darin »Gott« geschrieben stehen, darfst du dich zur Hälfte einmischen; falls auch noch in der rechten Handfläche »Gott« steht, hast du freie Fahrt, dich zu engagieren ... Lerne, dich nicht einzumischen; lerne, NICHT zu TUN und keine Macht auf andere auszuüben. Bleibe bei dir und gehe ins G4. Dann wird sich für alle Beteiligten eine Lösung offenbaren.

MACHT

In der heutigen Zeit wird der Macht eine große Bedeutung beigemessen. Falsch verstanden beruht Macht auf einem Spiel des Ego und hat nichts mit G4 zu tun. Pseudomacht haben Menschen, die diese gegen andere Menschen einsetzen. Im G4 hat jeder unendliche Macht und muss sie nicht nutzen. Menschen mit wahrer, gottgegebener Macht sind unauffällig und gebrauchen sie nie.
Macht liegt immer bei demjenigen, der sie nicht (ge)braucht.

STRESS

Stress blockiert den Fluss deiner Lebensenergie. Mach dir diesen Energiestau zunutze, indem du ihn nicht als etwas Negatives abwehrst, sondern ihn einfach als eine Form von Energie betrachtest, die dir zur Verfügung steht. Dein Chef lässt seine Launen an dir aus? Super! Lass dir nicht den letzten Nerv rauben, sondern nimm diese geballte Energie als ein Geschenk an und hebe dadurch sowohl dein eigenes als auch das Energieniveau deines Chefs an.

G4 UND DAS GESETZ DER RESONANZ

Sobald du aussendest, dass du etwas nicht kannst, dass du zu wenig Vermögen hast, dieses oder jenes möchtest, zu wenig geliebt oder respektiert wirst usw., erhältst du genau diese Energie zurück. Im G4 gibt es keine Mangelerscheinungen, daher ist es wichtig, NICHTS zu WOLLEN, denn dann strahlst du keinen Mangel aus.

BLOCKADEN

Der Energiefluss strömt nicht mehr frei und ungehindert, die Energie verdichtet sich an einer Stelle. Mögliche Symptome können sich zeigen; emotionale und psychische Missstimmungen bis hin zu Krankheiten können auftreten. Viele Blockaden entstehen durch Implantate, traumatische Erlebnisse, Gedankenmuster oder Glaubenssätze. Geh in deine Eigenverantwortung, nimm die Energie aus dem Energiestau an und gewinne dadurch neue Lebensenergie zurück.

LEBENSENERGIE

Normalerweise hat ein Mensch
zwischen 50% und 60% Lebensenergie.
Wer weniger als 50% Lebensenergie hat,
gerät in den Bereich von Krankheit;
je weniger Lebensenergie jemand hat,
desto kränker ist er.
Mit 50% Lebensenergie hat man auf
der anderen Seite auch 50% Blockaden.
80% Lebensenergie heißt zugleich:
20% Blockaden. Das bedeutet:
Je weniger Blockaden du hast,
desto mehr Lebensenergie hast du
zur Verfügung.

NIMM NEUE MÖGLICHKEITEN AN

Wenn du bereit bist, neue Möglichkeiten anzunehmen, wird es für dich selbst und auch für alle Menschen in deinem Umfeld selbstverständlich sein – ohne Neid, ohne Missgunst. Du empfängst etwas, weil du es (an)nehmen kannst – dies ist etwas ganz anderes, als es sich zu erkämpfen. Alles, was du benötigst, kommt automatisch zu dir. Wenn du im G4 bist, richtet sich das Leben wie von selbst nach dir aus.

SCHWARMINTELLIGENZ

Sobald sich viele Menschen im G4 befinden, geht alles seinen Gang, keiner muss sich um etwas kümmern. Jeder gibt Energie und erhält Energie. Es ist ein intelligenter Prozess des gegenseitigen Erschaffens. Alles greift ineinander, ohne Absicht, ohne Lenken und ohne Regeln. Im G4 folgt jeder seinem Impuls, benötigte Dinge und Menschen werden angezogen, und das System hält sich optimal am Laufen.

MINDFLOW ACADEMY